2008 수주 주천 동인시집

가고 싶은 기다림이 있다

김원식
송성헌
이남수
이용욱
이재업
양재룡
함은숙
변명애
이민숙
서봉교

가고 싶은 기다림이 있다

수주주천문화사랑회 지음

발행처 · 도서출판 청어
발행인 · 이영철
영　업 · 이동호
기　획 · 강보임 | 김홍순
편　집 · 김영신 | 김인현
디자인 · 오주연
인　쇄 · 두리터

등　록 · 1999년 5월 3일(제22-1541호)

1판 1쇄 인쇄 · 2008년 10월 25일
1판 1쇄 발행 · 2008년 10월 31일

주소 · 서울시 서초구 서초동 1588-1 신성빌딩 A동 412호
대표전화 · 586-0477
팩시밀리 · 586-0478

블로그 · http://blog.naver.com/ppi20
E-mail · ppi20@hanmail.net

가고 싶은
기다림이 있다

Contents

양재룡

함은숙

변명애

이민숙

서봉교

김원식

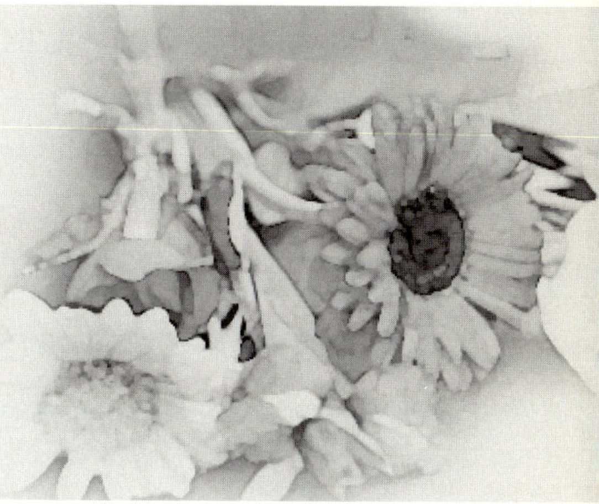

1954년 영월군 수주면 도원 출생
스토리문학 제48호 「주천강」 외 2편으로 등단
영월문협 회원, 동강문학회원 회원
수주 주천문화사랑 회원
인빌 뉴스 전문기자

가고 싶은 기다림이 있다

눈을 뜨면 보이는 곳
잠들면 달려가는 꿈길에서도
떠나지 못하는 미련 덩어리는
나로부터 시작되었다

들꽃처럼 자리를 지켜주는 이
봄비 내리던 날 맨발로 걸을 때 만났고
두 손 잡아주며 보듬어주는 이
긴 숨 몰아쉬며 안아주었다

하얀 백지에 잣대를 대고
연필로 쓰는 편지 속으로 안겨오는 꽃구름
그리움이 있는 곳에는
가고 싶은 기다림이 있다

청령포

서강의 푸른 물결
주름 접어 오가는 배

강바람에 손짓하는
노란 금계꽃 흩날리는데

한적한 물길 따라
그림자 지우며 가는 그대

영영 이별을 알렸던가
흐느끼는 강바람

사공이여 전해다오
내 님 어서
나와 건너라고

望山

이 마음 저 마음 받아주는
뱃터거리 산이 고마워

찾는 이 발걸음에
세월도 걸어

조금만 더 가면, 내려다보며
지난 이야기 주고받을
앉을자리 있겠지

가을 지나 겨울 나기까지
나무에 매달린 복숭아는
쭈그렁바가지

자갈밭 지나 깨금다리 깡충깡충 뛰어 건널
봄의 물을 흠뻑 받는 산과 들

지난겨울이 깨준 껍질
또 쭈그렁바가지가 되어도
마음 알아주는 산이 좋아라

그대는 보았는가

비야 쏟아져라
번개야 천둥아 내리쳐라

어둠 속에서 그림자 소리로
하늘을 보게 하라

고목에 기대어 잔가지 꺾어들고
회초리 두들기면 슬퍼할 것을

검은 천둥 사라지고
파란 하늘 높아지면
달무리 곱게 번지는 것을

아무리 크다 한들
해만 하랴 달만 하랴

번갯불에 해님 비켜주고
천둥소리에 달님 눈 가리는 날
그대는 보았는가
수많은 별빛을

구름마을 청년

회갑 넘은 스무 살 청년은
꼬부라진 허리에 숨 한번 크게 쉬며
잡목들로 가득한 노변에 길을 쳐낸다
근력이 모자라면 청춘을 회상하고
숨이 가쁘면 이 길 걷던 추억을 떠올리며
모두가 잘 다니게 길을 다듬는다

제 식구 먹여 살리느라 이른 새벽부터
한겨울 땔나무를 해오고
길고 긴 밭고랑 돌아서면 또 한 줄 남아 있는데
서산의 해는 뉘엿뉘엿 저문다

차라리 밤이 좋다
온갖 시름 다 잊을 밤이 좋다
이대로 깨어나지 말았으면 했는데도
꼬부라지도록 무게가 실린다

망령 들렸다 할까봐
구부정한 등을 따라 세월을 보며
나보다 우리가 먼저라고
당장 이 자리에 묻혀도

웃음으로 떠날 이 일을 해보자는
술면마을 육십 청년의 입가에
아지랑이 피어난다

주천의 겨울

오밤중에 내렸던가
깨어보니 하얀 폭설
모두가 하나 된 듯
곱고 고운 이 세상

언제 잠이 드는지
또, 언제 죽는지
알지 못하는 게 사람
그걸 안다면 천만년 도사에
떼부자 되련만

그래도 오늘이 좋다
쪽박 차고 비렁뱅이 신세라도
이승이 좋다하지 않았는가

오늘 아침 주천강 굽이굽이
물안개 피더니
샘은 동태 되고 가기 싫은 눈송이
바위를 떠다미네

곧 봄이 오리니

길

누구인들 아픔이야 없으랴
살면서 만나고
지나면서 잊게 되는 것은
세월이다

흘러가는 물처럼 살라 해도
굽이칠 땐 뒤집어야 하고
때 지나면 고요한 호수가 되기도 한다

혼자만이 겪는 슬픔은 아니다
시간과 때만 다를 뿐 누구에게든 찾아간다
단지, 말을 하지 않을 뿐

침묵 속에는 무한의 변화가 있다
슬픔을 기쁨으로
고통을 웃음으로 제치고
한고비 돌아가는 길

또 한 굽이 돌아갈 곳에는
설레는 기다림이 있지 않은가

우화(藕花)

겹겹이 접어둔 나만의 향기를
그대에게 전하고 싶습니다

담아진 사연들이야
누구에겐들 없으랴만
그래도
하나만이라도 간직했던
연의 향을 전하고 싶습니다

온몸인들 어떠리오
내 하나 기둥 되고
그대는 우화 하고
서로 도와 살 수만 있다면

송성헌

강원 춘천 출생
한국기독시인협회 회원
수주 주천문화사랑 회원
시집 『씨 뿌리는 자의 비유』(2003) 『시간 여행』(2005)

안개 낀 풍경

안개가 내려앉은
강을 보면
강물은 보이지 않고
숲처럼 무성한 안개만 보인다

안개가 너무 끼어서
강이 안 보인다고
강물이 없어진 건 아니다

구름이 뒤덮여서
하늘이 없어지는 일이 없었듯이……

강은 언제나
강에 있는 것을 잃어버리지 않고 있다
송사리, 피라미, 물방개
해질녘 강물 소리

안개가 끼어서, 오히려
강물은 자기의 길을 아름답게 내려간다

구름이 끼어서
하늘 한쪽이
노을에 물드는 것 같이……

남과 북

식민지 시대에서 벗어나
조선으로 돌아갈 순 없고,
새 나라로 나가는데
질서가 있는 나라가 쉽게 될까
혼란이 있을 거란 예상은 했지만

경찰의 옷을 벗기고
발길질을 하고
손찌검을 할 줄은
채 예상치 못한 일이었다

새 나라로 나가야 하는데
초라한 나라가 되어
세계인의 비웃음이 되지 않을까
또 일본의 웃음거리가 되지 않을까
염려는 했지만

저렇게 세계인의 주목을 받으면서
식량 원조를 받아야 할 나라에
이를 줄은

채 예상치 못한 일이었다

한울

북한 정치 지도자들이
노동자를 위한 정부로 출범했기 때문에

자유민주주의 사회에 사는 어떤 사람처럼
복수심이나
원한 같은 건 없다고 생각한다

노동자들이 쇠고기 국에
이밥을 먹을 수 있도록
노력하는 사람들이라 생각한다

그렇다면, 이제,
노동자들도 한울 세상을 보도록 해야 한다

초목도 땅에서 양분을 얻을 건 얻지만
하늘의 햇빛과, 비를 맞지 않으면
살아남지 못하는 것처럼,

사람도 땅에서 얻을 건 얻고
한울의 생명을
삶의 곳간에 채워놓지 않으면
살아남기 어렵다

북한 정치 지도자들이
한울 문이 열려있는 대로 놔두는데

뭐 그리 반대할 이유가
있겠는가 생각한다

이천 년

칠팔십 년대만 해도
왕따 문화가 제대로 통했다
못한다, 아니다, 아니다 하면
열 사람이고, 스무 명이고 그냥 쓰러진다
높은 사람이고, 귀한 사람이고
훌륭한 사람이고 그냥 쓰러졌다

와, 우리는 왕따가 아니다
왕따가 될 수 없다
버텨보아도,
아니다, 아니다
못한다, 못한다
열 명씩 스무 명씩
수백 명씩 몰려가면
저 쪽은 끝내 쓰러지고 말았다

그러나 이젠 이천 년대란
새로운 시대로 접어들었다
그만큼 사람이 해놓은 일보다
시간이 해놓은 일이 많게 되었다

또 못한다, 못한다
쓰러져라, 무너져라
왜 저렇게 쉽사리 무너지지 않지
의아해하고 있어도

시간의 권위가 나타나서
왕따 문화를 조성하고 있는
그들이 왕따가 되어야 한다고 되돌려주고 있다

겨자씨 비유

그 사람이
겨자씨만한 생명을
호흡하고 있다면,

겉모습은 초라해도
저 광화문이나,
을지로를 가득 메운 군중보다
더 많은 사람들을 위한
세상을 만들어갈 것,

그 사람이 지금 당장
을지로에서 광화문으로 가는 도로에
가득 메운 군중의 세력을 가지고 있다 해도

그 의도에, 겨자씨만한 생명이
없다면,

그 세력은
바람에 꺼지는 촛불과 같이
흩어지고 말 것

종교의 가르침

적선과 공덕이
무속신앙의 내용이라는 걸, 아는 사람은 안다
적선과 공덕이 쌓이니 맺힌 것이 풀린다

자비, 광명이
불교의 진리라는 걸, 아는 사람은 안다
베풀어서 좋은 세상이 열린다

사랑이 기독의 가르침이라는 것을 아는 사람은 안다
아흔아홉 사람 중에
소외된 한 사람에게
사랑을 주어서 힘든 일이 없어진다

원한은 풀고,
광명의 빛은 내주고
사랑의 힘이 되고 나니,

갈등과 분열은 없어지고
화해와 화합의 세상이 열리는구나

햇볕

위에다 햇볕을
쏟아주니,

햇볕 한번 쏘일라고
햇볕을 가로막고 섰는
위를 바라봐야 하는구나

초목들이 저렇게
이마에서 햇볕을 받아 누리고 있는데

백성들도
이마에서 햇볕을 받아 쪼일 순 없을까

아름다운 날

살아가면서
연탄 한 장으로 따뜻한 날이 있고

쌀 한 됫박에 배부른 날이 있지만

그리움을 남겨주고 간
마음들이 있었기에
더 아름다운 날이 있다

가까이 있는 그대의
모습만이 아니라
멀리 떨어져 있어도 보이는
그대의 모습

어떤 땐
연탄 한 장으로 따뜻한 날보다
그리움 하나로 아름다운 날이 있다

이남수

강원 횡성 출생
공무원문인협회 회원
한국 경우문예회 회원
수주 주천문화사랑 회원
현)강원 영월경찰서 근무

武陵桃源을 찾아

술이 샘솟는다는 주천 강에서 놀다가
복사꽃 얼큰한 향기에 취하였네

지느러미 푸득거리는 봄의 혈기여
무리 지어 물살을 거슬러 오를 때
은빛 비늘의 번쩍임을 자랑하지 말게
그대 취한 눈동자 속에
물결 따라 춤추는 흥겨운 꿈
여울 소리엔 귀를 닫더군
굴절된 수면 밖 세상에서
나는 반두를 펼쳤다네
그물코에 물비늘만 잡히고
걷어 올리느니 바람소리 한 종다래끼

강심을 쫓아
선경(仙境)을 찾는 것이 쉬운 일이던가
물길 따라 복숭아꽃은 아니 흐르고
*도천교 옆 이정표엔 *무릉(武陵), 도원(桃源)이 있다 하는데
나는 어디에서 길을 찾는지……

등 뒤 *빙허루에 오후 그림자가 누웠다
귀가 길에는 잊지 말아야지
강가에 풀어놓은 보따리 하나

* 도천교 : 영월 주천면과 수주면의 경계지점인 주천강을 가로지른 교량
* 무릉(武陵), 도원(桃源) : 영월 수주면 무릉리와 도원리 지명
* 빙허루 : 영월 주천면 신일리 망산 정상에 있는 누각

폐광 이후의 영월 상동

경기 좋았던 한창시절엔
똥개도 지폐를 물고 나다녔다는 꼭두바위 아래
서울 명동이 부럽지 않았다던 상동 읍내가
이제는 때 지난 지리부도의 표식으로만 남아
적갈색 폐광 물로 목을 축이며 숨죽여 누워 있다

한때 인근 딸 많은 집에서는
*중석광에 다니는 사내라면 딸을
첩 자리도 마다하지 않았다던 얘기는 옛말이 되었고
물 잘 돌던 시장과 골목이며 시악시 웃음 짓던
요정하며…… 사람 넘실대던 도로엔 적막감이 흐른다

산비탈 계곡천변에 이마를 마주하고
닥지닥지 앉은 판잣집들이 겨우
남은 정감을 두런대는 곳에서 목을 한껏 젖히면
손바닥만 한 하늘이 보이고 그 아래
구래초등학교의 운동장이
거미가 무대에서 곡예를 하였던 읍민관 자리가
추억의 갈채 속에 남아있는데

물 좋았던 시절도 갔다
모두가 산속 갱구의 어둠을 뒤로하고
꿈을 찾아왔던 것처럼 다시 삶을 찾아
아우라지를 지나 천평삼거리를 지나 각지로 떠나던 날
남은 사람들은 작은 소망 하나를 꿈꿨다
구래리의 지명처럼 여덟 번이 가고 아홉 번째로
그 좋았던 시절이 다시 오기를 기다리는 이곳은
이름도 유명했던 강원도 영월 상동
텅스텐 산지

* 중석광 : 중석(텅스텐)을 캐내는 광산

봄꽃 2

번개 치듯 번쩍였다가
고대 지는 걸 보니
가랑이에 봄바람 든 꽃이 맞구먼

부끄러운지
어느 년은 배시시 웃더니
얼굴 붉혀 숨어 피고
살며시 피고

그새
내 달뜬 마음 얼큰하게 꽃물 들게 하더니만
휑하니 산모퉁이 돌아서 달아나는 모습 뒤로
아쉬워하는 나를 보고 따라오라는 건지
꽃잎 몇 장 발자국처럼 남겨놓더군

狂人들의 세상 5

구불거리는 비암도 좋다. 색깔 예쁜 꽃뱀은 말고(뱀탕에는 꽃뱀이 꼭 들어가야 하는데) 살모사 독사 구렁이 먹구렁이 금구렁이 그보다 열대지방의 코브라라면 더욱 좋다. 겨울이 오기 전 구불거리는 산 계곡을 따라 독 오른 아가리를 쩍쩍 벌리고 아직 입도 붙지 않은 개구리를 머리부터 통째로 집어삼켰다. 양기가 입에서부터 下焦까지 내리뻗었지만 추위에 다리가 후들거렸다. 지난여름 방콕(태국엔 가본 일이 없다) 뒷골목에서 먹었어야 할 곰발바닥 코브라쓸개 독주 한 잔이 그림의 떡이었지만, 아직도 구불거리는 창자 속에서 용을 쓰고 대문간에 뒹구는 개집 녹슬어가는 쇠사슬이 뱀 껍질처럼 남아 밤마다 나의 방으로 기어들고 있다. 내일은 수달피나 물개를 구할 수 있을라나 길고 긴 겨울, 눈은 내리고 재워둔 개소주 인삼 녹용도 동이 나는데 천상 엽총 둘러메고 산으로 갈까. 산돼지 노루 고라니 미친 듯이 날뛰며 달음질치는 설원 설맞은 사냥감이 울 때마다 미쳐 환장하게 붉은 꽃 피어나는

31번국도에서
─ 가을 螳螂과 村老

바스락거리는 세월에 다 조바심쳤네
구불거리는 *수라리재 너머로
쫓겨 가던 공양왕이 그러했을 테고 지금
31번국도를 따라 달려가는 10월도 그러하고
앞차를 쫓아가는 나도 그러려니와 바람 불어
낙엽 몇 잎 윈도우에 내려앉는 소리들 조바심치네
재 너머 내리막 아스팔트길에
갈색으로 변해가는 사마귀 두 마리
떠억 버티고 앉아 있네
구르는 차륜에 항거하듯 앞다리 쭈욱 펴고
머리 치켜들고 螳螂拒轍 순간
마주쳤네 마주쳤어 내 눈과
사마귀 눈 사마귀 눈
나는 핸들을 돌렸네 어 어 한 놈이
길 밖으로 기어나가다가
백미러에 드리워진 풍경 속으론
버티고 있던 달랑(螳螂) 한 마리만
뒷모습 의기양양일세

수라리재 너머
이목리로 이어지는 샛길에서
허리 굽은 村老가 걸어 나오고 있었네

걸어 나와 좌우도 살피지 않고
길을 건너기 시작했네 나는
클랙슨을 울렸네 묵묵부답
급제동을 걸었네 느린 걸음
그
리
고
노인이 날 쳐다보았네
네 맘대로 해봐 네놈 맘대로
가슴이 후닥닥 뛰기 시작했네
조바심치기 시작했네
31번국도 위로 어느새
가을이 지나가고 있음을 알았네

* 수라리재 : 강원도 영월군 중동면 화원리와 이목리의 경계를 이루는 고개로 31번국도가 지나며, 고려 마지막 왕인 공양왕이 삼척으로 쫓겨 갈 당시 이 고개에서 잠시 쉬며 수라를 드신 곳이라 하여 수라리재라 부름

희망을 노래하는 家長

우리는 희망을 노래 부른다
더러 숲속의 새가 되어
나무 위에 앉아 고고한 자태를 뽐낸다거나
하늘 높이 힘찬 날개를 펼치고 싶거나
바람을 쫓아 달음질치는 들짐승처럼 우우
목청껏 소릴 지르며 산과 들로 내달리고 싶다거나

후줄근한 모습의 家長들은
매일 저녁 파김치가 되어 귀가하고 있다
어떤 날은 피로감을 가셔내는 술잔에
흔들리는 희망을 노래하고 노래하지만
주머니 속에 구겨져 있는 꿈은 닳아질 대로 닳아
흥겨운 리듬의 기억을 더듬어야 하고
휘청거리는 보폭을 이끌고
굳건히 세우리라던 대문을 열면
화들짝 놀란 술기운이 그제야
얼굴을 붉힌다

일상은 토막토막 끊어져있어 순서는 뒤바뀌었지 시계바늘은 앞뒤가 없네 구두밑창보다 발바닥이 먼저 닳고 가죽혁대는 짧아져갔네 와이셔츠단추가 버틸 힘이 있는가 거울 앞에서 넥타이를 단정히 매고 출근을 서두를 때마다 우리는 생각했지 아직도 식지 않는 희망을 노래한다는 것 한 평 침대 위에는 하루 일상이 뒹굴고 갈증이 가슴을 두드린다 家長의 어깨 위로 내리는 밤의 화평

어느 틈에 봄이 오고 있었어

길거리에 性慾 오른 개들이
줄래줄래? 나다니는 것 보아
봄이 오고 있어
아스팔트에서 오르는 아지랑이는
사타구닐 비집고 불쑥 일어서다 말고
사지를 노곤하게 만들지
처녀애들은 봄물 올랐는지
스커트자락이 무릎 위로만 오르고
산과 들로 혹은 도심 속 빌딩 숲에서
꽃망울 톡톡 볼가지듯
젖가슴 봉긋 벌어지는 처자들
치마폭에 담긴 봄바람에 암내 보듬고
추파를 던져대는 시방
얼굴 붉히는 진달래며
달콤한 꿈에 흥건히 핀
복사꽃, 개나리가 만발하는
봄이 오고 있었어
어느. 틈. 엔. 지.

이용욱

강원 영월 출생
자유문예 등단(시부문 신인상 수상)
단종 백일장 입상
자유문예 회원
수주 주천문화사랑 회원
현)자유문예 강원지부 총무

나 죽었소

이 험한 세상
나 혼자 잘났다고 버둥대면
누가 알아줍니까?
그냥 나 죽었소 하고
살아야지요

마누라가 뭐라고 잔소리하고
쥐꼬리만 한 월급에 쪼들리는 생활
싸우면 누가 알아줍니까?
그냥 나 죽었소 하고
살아야지요

부모가 오늘도 잔소리하면
못 들은 척
그저 세월이 약이라고
그냥 나 죽었소 하고
살아야지요

이 세상 살아가면서
안 힘들고 살아가는 사람 어디 있소?
열심히 살다 보면 되겠지요

그냥 나 죽었소 하고
살아야지요

이러지도 저러지도 못하는 세상
자꾸자꾸 신경 쓰다 보면
잔주름만 늘어가고
스트레스 쌓이면 허무하게 죽습니다
그냥 신경 쓰지 말고 나 죽었소 하고 살아야지요

나
죽었소
하고
말이에요

연꽃 사랑

무더운 여름
매미는 죽을힘을 다해 울고
파란 풀잎에 쪼그리고 울던 개구리
물속으로 풍덩

나비처럼 나풀나풀 춤추는
분홍 연꽃
발걸음을 멈추게 하니
난 넋을 잃고 말았네
내 품에 핀 꽃이여
무지개를 닮았나
효녀 심청이를 닮았나
부처님의 꽃이여!

보입니다
연꽃을 닮은
한 여인의 사랑이……

우산 하나에 그리움을 가득 담고

우산 하나에 그리움을 가득 담고
오늘도
길을 나섭니다

흐린 날이면 더욱 더
우산을 챙겨 봅니다
남의 아내가 되어 있을 여인을 위해

이젠 서서히 세월 속에 묻혀서
잊혀져가지만
내겐 아직도 우산 하나에 그리움이 가득 담겨 있습니다

문득 우산 속에 여인이
살포시 웃음 지으며 사라질 때
또 다시 그리움이 남아 있습니다

법흥사

계곡 따라 사십 리 길 하늘 끝에 다다르면
향 내음이 가득하고
은은히 울려 퍼지는 목탁소리
스님 반갑게 맞이한다

관음송 향기 속에
곧은 절개 뿌리 깊고
백덕산 신선봉에 홀로 앉아 시 한 수 읊다보니
구봉대산에서 울리는구나

주지스님 법문 속에 죄를 씻고
지혜 광명 속에
마음꽃 피웠더니
연등처럼 빛나는구나

사재산에 보물 있고
사자산 법흥사에
부처님 진실사리 모셨으니
법흥사가 보배 중에 보배로다

자비하신 부처님
무릎 꿇고 비옵니다
소원성취 이루어주소서
소원성취 이루어주소서

할머니

잔주름이 자글자글한 얼굴을 하고
투박한 말투로
내 머리를 쓰다듬어주시던 할머니

꾸부정한 허리로 지팡이를 짚고
등굣길에 마중 나와
나를 바라보시던 할머니

어떤 날엔 꼬깃꼬깃한 지폐 한 장을 꺼내
내 손에 꼭 쥐어 주시며
배곯지 말고 다녀라, 말씀하시던 할머니

지금 생각하면
꿈만 같고
그리움이 가득한 얼굴

장날이면 눈깔사탕 서너 개 사주시며
동생들이랑 나누어 먹으렴,
말씀하시던 할머니

검정고무신 손에 쥐고 집으로 돌아오는 길
동생 몰래 먹던 사탕 맛이
얼마나 달고 맛있던지

오랜 세월 지났어도
입 안 가득 단맛이
아직도 남아 있는 것 같다

비가 오는 날이면

비가 오는 날이면
바보인가
멍하니 창밖을 보며 한없이 당신을 기다립니다
돌아오지 않을 사람을……

비가 오는 날이면
바보인가
머릿속 여기저기서 당신을 생각합니다
아무런 느낌도 희망도 없는 생각을……

비가 오는 날이면
바보인가
무심코 전화기를 들고 당신에게 전화를 합니다
받지 않을 전화를……

비가 오는 날이면 바보가 됩니다
당신을 기다리는 바보
당신을 생각하는 바보
당신을 그리는 바보

내 편 항아리

사랑으로 채워진 항아리
담아도 담아도 모자란 내 사랑

고추장 같은 항아리
넘쳐도 넘쳐도 모자란 우리 사랑

큰 항아리에 옮겨 담아야지
묵은 김치 같은 큰 사랑

성실로 채워야지
어머니 손맛 같은 내리사랑

사랑으로 채워진 항아리엔
또 하나의 항아리가 있다

된장 항아리
귀여운 내 된장 항아리

당신의 얼굴

문득문득 떠오르는 당신의 얼굴이
내 가슴 속에는 지워지지 않는 상처로 남았습니다

문득문득 떠오르는 당신의 얼굴이
오늘도 가슴 뭉클하게 저며 오네요

소리 내어 부르다가 지쳐서 잠이 들면
찾아오려나 그리운 내 님

세월이 흘러흘러 그리운 날이 또 찾아오면
난 그때 어쩌란 말인가요

가슴이 아프고 시려도
눈물로 지울 수만 있다면 그때는 울겠습니다

떠나세요, 이젠 지우렵니다
더 이상 아파하고 아파하지 않으렵니다

그리고 먼 훗날 다음 세상에서 만나면
그때 용서를 빌겠습니다

이재업

강원 영월 출생

자유문예 등단(시 부문 신인상 수상)

영월문협 회원

동강문학회 회원

수주 주천문화사랑 회원

자유문예 문인협회 회원

자유문예 강원지회장 역임

시집 『아름다운 동행』『동강에 뜨는 별』 외 다수 공저

가을 너를 보내고

목메인 소리로
이별을 말하지 않아도
가야 할 너라는 걸
스치는 바람이 말해주었고

슬픈 눈빛으로
이별을 말하지 않아도
보내야 할 너라는 걸
가랑잎이 말해줘서 알았다

내 몸을 감돌던
따스하던 너의 숨결마저
어느덧 소름끼칠 만큼
싸늘하게 식어버리고

내 귀에 들리던
너의 목소리마저도
멈춰버린 시간 속에 묻혀
이내 잠잠해져버렸다

가을 너를 보내고
비우지 못한 마음은
시린 어깨 위에 매달린
한 잎 아쉬움을 보며
그렇게 서성이고 있겠지

자기야! 지금 뭐해?

자기야! 지금 뭐해?
가을은 깊어가고
바람마저도
차갑게 불고 있는데

자기야! 지금 뭐해?
유리창에 부딪히는
달빛마저도
하얗게 얼어붙었는데

자기야! 지금 뭐해?
새벽이 오는 소리에도
잠은 오지 않고
목소리가 듣고 싶잖아

자기야! 지금 뭐해?
푸르던 잎 물들이고
이슬방울 맺혀
안개 짙어 보고 싶은데

나 이렇게
그리움에 사무치도록
보고 싶어 미치겠는데
자갸! 지금 뭐해?

봐라!

봐라!
그대들이 사소한 일도 처리 못하고
옥신각신 논쟁만 하고 있을 때
저들은 우리 땅 한 모퉁이를 넘보고 있다

봐라!
그대들이 피켓 들고 밖으로 뛰쳐나가
티격태격 실랑이를 벌이고 있을 때
저들은 총성 없는 전쟁으로 바다를 건너왔다

한반도 최동단 망망대해에서
반만년 자리지킴이를 했음에도
의붓자식 같이 되어버린 섬
저들의 망언이, 저들의 만행이 안쓰러워
아파하고 슬퍼하는 것이 아니라
저들이 찔러대는 옆구리가 아파야
눈길 한번 주는 척하는 무관심에
가슴이 아파서 눈물을 흘리고 있음을
정녕 아는가

봐라!
그대들이 딴전부리고 있을 때
저들은 이미 우리 영토를
자기네 땅이라고 표기했지 않느냐

핑계(연꽃)

분단장 곱게 하고
배시시 웃음 흘리는 저 년(蓮)아
날 유혹하지 마라

스치는 바람을 핑계로
연둣빛 짧은 치마
살짝살짝 들춰대니
보일락 말락
남정네 가슴팍에 불을 댕기는 저 년(蓮)
오매—
환장하겠네

탓

다 타고난 팔자인 것을
누구를 탓하겠는가

잘되면 내 탓
안 되면 조상 탓이라며
말도 안 되는
변명 같지 않은 변명으로
마음의 위안을 하려 하지

몸이 아프고 힘든 것도
마음이 아프고 슬픈 것도
다 마음에서 오는 병
누구를 탓할 것인가

잘나고 못난 것
잘살고 못사는 것
그 모두가 타고난 팔자
타고난 운명인 것을
왜 남의 탓을 해

중년이 되면

불혹의 나이가 되면
인생을 반으로 접어놓고
지난 세월과 남아 있는 세월
그 길이를 재곤 한다

다 부질없음을 알면서도
십 년만, 아니
오 년만 되돌아갈 수 있으면 좋을
꿈같은 상상을 하며
세월 그 앞에 맞서
이겨 보겠다고 힘을 견준다

지나온 세월이
남아있는 세월의 길이보다
한 뼘은 더 길어져 있고
돌아누운 세월 위에
살포시 얹어놓은 마음자락으로
어느새
거미줄 같은 잔주름이 진 눈에는
촉촉하게 추억이 매달린다

보길도 가는 길

쪽빛 하늘을 끌어안고
뜨겁게 사랑을 나누는 바다

이슬 먹은 꽃잎처럼
촉촉이 젖어
간드러진 유혹의 몸짓
어느 순간 자지러지는 파도
그 위에 떠 있는 여객선은
하늘이 쏟아놓은 체액

끈적거리는 파고를 따라
어둠 짙은 자궁 속으로……
미끄러지듯 헤엄쳐간다

우리 만나요

우리 만나요
저 하늘 가득 노을이 걸리면

우리 만나요
운치 있는 레스토랑이나
분위기 좋은 찻집은 아니라도
그대와 마주 앉아
닫힌 마음 열 수 있는 곳이라면
길거리 포장마차도 괜찮아요

우리 만나요
한적한 호숫가나
경치 좋은 숲길은 아니라도
그대 손 마주잡고서
다정히 거닐 수 있는 곳이면
그 어디라도 좋아요

우리 만나요
그리고 떠나요

시간은 돌돌 말아서
주머니 속에 꼼쳐 넣고
우리 둘만의 공간을 찾아서
함께 떠나요

뉘엿뉘엿 지는 해를 보며
지친 마음 추슬러 담은
작은 가방 하나 달랑 들고
바다가 보이는 그곳으로……

양재룡

충남 논산 출생
수필과 비평사 수필 등단
수주 주천문화사랑 회원
현)호야 지리 박물관장
수원 천천고 교장 명예퇴직
국민훈장 석류장

사람이 그립습니다

밤비 지나간 5월
주천강 강변을 돌아
봄길 열리고

싱싱한 아침 태양
마시고 또 마셔도 맑은 공기

한낮의 온화한 햇살은
세상을 행복하게 합니다

그런데도
욕심은 끝이 없는지
문 앞 정결하게 쓸어놓고
종일토록
현관 앞을 서성입니다

산 그림자 강변에 빠지고
이미 땅거미가 졌는데도
누군가 올 것 같아
차마 문을 닫지 못합니다

봄 내음 향긋한
그런 사람이
꼭
오실 것 같습니다

겨울 밤

겨울 해
종일 찾아오는 이 없이도
금방 밤이 달려오면
주천강 무릉곡 따라
강원도 칼바람
몰려오고

박물관 다락방
그 곳은
나의 성(城)
뽀얀 입김 코끝에 머문다

액자 속 그림처럼
삼경으로 넘어가는
맑은 초승달

개수통에
떨어지던 물방울 소리
얼어 잠이 들었는지
새벽 한기만 적막하다

그리운 아내의 품
이불자락 끌어다 덮어주시던 어머니

이순(耳順)이 넘어서
인생이 홀로 아님을
이제야 알았다오

법흥사 가는 길

산속으로 올라가야
절이 있는 줄 알았더니
법흥사 가는 길
밋밋한 삼십 리 길

때 묻은 티끌 씻자고
굽이굽이
계곡만 깊다

관광버스 줄지어 참배 가는 길
숲으로 간
놀란 산새 보이지 않고

계곡마다 예쁜 펜션 개울을 향했어도
예쁜 가재 한 마리
찾을 길 없다

영험하신 부처님
법흥사 법륜 높아
일주문 앞에 서니

세속을
산 아래 두고 오라신다

사자산 이고
구봉대산 바라보며
적멸보궁 세워서
사리를 감추시니

때 묻은 중생
물소리에 마음 닦고
새 소리에 귀 열리면
그때쯤 오라신다

오늘

장마가 시작된다고
작년에 무너진 내 둑 공사장을
콜럼부스가 아메리카라도 발견한 양
양양하게 비추는
그대, 춤꾼인가요?
그대, 소리꾼인가요?

민초라고 촛불 켜고
단결, 투쟁, 연대
맨 앞에
천사인 양
아기 눈망울에
앵글을 맞추었네요

조국 산하
백두대간 민족 얼에 목매던 그대,
백두산, 천지 떼어
중국에 바쳤어도
독도, 일본에서 자기 땅으로 적었어도
촛불을 들 이,
언제나 비추려오?

착한 이 사는
유실된 하천 변 사람의
유기된 일 년의 침묵이
민초들인 것을……

파업장에 멈춘 트레일러처럼
오늘을 정지시킨
갈등
조국 대한민국을 선도하려
그대 무엇을 밝히시려오?

그대
오늘은
한국해에 독도 품고,
대한민국 내 조국
태극기로 지키던 산하
금수강산 이 땅에 사는
진정 대한민국 사람을 비춰 보시게

연꽃 세상에는

누이의 풋풋한 가슴처럼
은은하게 배어오는
그런 정감(情感)이 그립습니다

아침의 현란한 햇살보다
석양으로 빠져드는 저녁놀이
더 깊은 생각들로 넘치게 하듯
연꽃 밭 사이에는
사람들을 불러 모으는
이야기가 있습니다

깊지도 않고,
그렇다고 맑지도 않은 물 위로
어찌 그리
고운 꽃 자태를 내보일까?

탁한 세상, 갇힌 일상에서
꽃으로 피어나 자유롭고 고고함은
연꽃의 향기입니다

석가불이 아니더라도

가슴에 담아 가고픈
정 많은 사람들의
은은한 속삭임입니다

그래서
글쓰기에 날밤 새우던 문인(文人)
연꽃 물고랑에서 걸음 멈추고
연꽃 시어(詩語)들을 모아
인생을 노래했나 봅니다

그대, 외로운가

밤새 뒤척이다

새벽
모기소리에 잠을 깨니

먼저 일어난 놈이
하나 더 있네

그러니
외로울밖에……

혼자 살면

별게 다
외로운 거야

인생과 연(蓮)

어둠 비칠 연등을 만들며
여명같이 밝아질 세상을 떠올렸다
유수에 마모된 연륜
인생을 다듬어
불혹, 이순 여무는 줄 알았더니
저 연꽃
흐르지 않는 텁텁한 물에서도
흰머리보다 더 은은한 관을 씌웠다

칠석 날

직녀의 옷자락인가
은하수의 흐름인가
달 꼬리 유난히 긴
칠석날 밤

자정이 다 되어
아내와 마주앉아
총총한 별 바라보며
술잔을 기울이니
칠석주가 되었구나

철 이른 귀뚜리 소리
삼경을 넘어가면

창가에
달빛을 이고
곱게 잠든
아내의 머릿결에도
계절은 지나가고

주말이면
꼬박꼬박 찾아오는 아내
정성껏 다려서 주름 펴줄
재주 없어도

오늘
난
영락없는
견우랍니다

함은숙

충북 단양 출생
시사문단 시 등단
한국문협 회원
제천문학 회원
영월문협 회원
동강문학회 회원
공저 시집 『동강에 뜨는 별』 『제천문학』

시와 별 그리고 동강

— One Summer Night

그 님은 별빛을 따라 왔다네
동강의 푸른 밤을 날아서
그날 밤 그 축제에서
우리는 숨이 멎었지
운명 같은 만남이었어
당신과 읊던 아름다운 시어들
당신과 추던 감미로운 선율들
우리는 별을 노래했었지
사랑을 노래했었지
동강에 쏟아지던 그 많은 별들은
큐피드의 화살로 내 가슴에 쏟아져 내렸네
한여름 밤의 꿈속으로 그 님은 떠나고
나 홀로 이렇게 동강에 뜨는 별을 보며 강가를 헤메인다오
아— 정녕 못 잊을 그날 밤 황홀한 만남을
내 생애 다시 못 잊을 아름다운 만남을

연꽃 이야기

바람 살랑이며 내 몸 흔들었지
주천 강을 달려온 바람이 나를 흔들어 깨울 때
나의 영혼 눈을 떠
화사하게 꽃 피울 아름다운 그날 그리며
꽃대궁 높이 밀어 올렸지
혼돈의 사유 알지 못한 채
긴긴밤 장대비에 꽃잎 찢기고
영혼의 아픈 꽃물이 핀다
오늘 이렇게 상처로 남는다 하여도
내일은 찬란한 햇살 아래
못다 핀 나의 꽃을 피울 테요

동강 가는 길

강물은 그리움에 절어
이내 가슴을 휘어 돌고
아카시아 향기는 외로운
이내 마음을 휘어 도네

때로는 가슴 열어
신록을 다 끌어안고
때로는 소나기로
온몸 풀어 헤치고
굽이굽이 그 많은 사연
말없이 보듬는다

구불구불 동강은 세상에
순응하며 살라고
온 몸으로 말하네

Song From A Secret Garden

고단한 일과를 마치고
38번국도에 들어서자
석양은 마지막 불태운 정염
온 하늘에 흩뿌리고,
라디오에서 흘러나오는
*Song From A Secret Garden
산등성 등성마다 눈부신 갈대
붉은 노을
애잔한 바이올린 선율
불이다
뜨거움이다
이 뜨거움을 느껴본 게 언제였던가
까맣게 지워진 마음 위에 아련한 첫사랑의 기억
고단한 삶을 보상해주려는 듯한
황홀감에
툭,
떨어진 눈물
이 뜨거운 가을 정염
나의 비밀 정원에
깊이 숨겨 놓으리라

* Song From A Secret Garden : 노르웨이 출신 뮤지션 시크릿 가든의 데뷔 앨범 수록곡

눈 오는 아침

거제도에서 온 전화 한 통이
온통 바다를 불러들인다
선생님이 전해주시는 말씀이
바다에 떠 있는 배도 되고
겨울, 시린 쪽빛 바다도 되고,
동백섬도 되고,
동백섬 군락지
갑자기 동백꽃이 보고 싶다
아름드리 동백나무가
싱싱한 꽃송이들을 송이째
뭉텅뭉텅 떨어트릴 때의 그 가슴 저림을
동백나무 속에 숨어 느껴보고 싶어진다
눈 오는 이 아침
눈 속에 붉은 선혈이 낭자한 동백꽃 송이 송이를 보면서
가슴속 붉은 각혈을 눈 위에 뚝뚝 떨어뜨리며
동백꽃 마음속으로 들어가고 싶어진다
오늘은 하루종일 동백꽃이 되고 싶은 날이 될 것 같다

겨울 바다

파도는 밤새 내 마음을 흔들어 놓았다
하얀 한숨, 솟구쳤다 사라지는
그 파도의 뒤척임
파도는 아는 것이리라, 내 마음을
억겁의 세월을 뒤척이며
가슴 저 밑바닥 가라앉은 앙금을
꺼억꺼억 울며 토해 내었다

밤새 이렇게 가까운 곳에서
파도소리를 듣는 것은 처음이었다
포효(咆哮)하듯 울부짖는 그 거대한 울음
끊어질듯 이어지는 하얀 한숨들
검은 파도는 이제 새벽 미명에
서서히 바다의 색을 드러내며
아침을 떠받쳐 올린다
지난밤의 밤새 뒤척임을 뒤로하고
아무 일 없었다는 듯
오늘 하루를 또 그렇게

겨울 산
— 가버린 당신에게

눈꽃이 온 나무에 매달려
보는 눈이 연신 즐겁다
한참을 올라 소나무 숲에 다다랐다

아름드리 소나무 허리 꺾여
하얀 바람에 전신을 드러내놓고
앞길을 막고 있다
기골이 장대한 너는
겨울 산을 지키는 지킴이였는데,
여름 뜨거운 햇빛 막아주던
등산객들의 그늘 막이었는데,
천년의 바람소리 흔들며
그 밤, 소나무는 천형을 받았겠지
왜 유독 너였을까
그 천분의 일, 만분의 일의 확률 너에게 미쳤을까

가볍디가벼운 눈도 쌓이면
아름드리나무를 꺾고
가벼운 죄도 쌓이면 인간을 꺾을 수 있다는
노스님의 말씀 되새기며
산길을 걷는 내내 왜 그 나무일까
하는 화두 뇌리에서 떠나질 않는다

길

초여름 비 그친 산사
구름 사이 반짝이는 햇살
풀잎들 비에 젖어
가만히 말을 건네면
나도 풀잎 되어
나지막이 속삭인다

하늘로 미처 오르지 못한 구름은
한 마리 용이 되기 위해
발아래 저만치서 용트림 한다

숲길을 걸으며
솔향기에 취해
가만히 눈을 감아본다

고요한 산사에선
그림자도 조용히 내려놓아
휴식을 취하게 한다

자연에 몸을 맡기고 걸으면
그대와 나의 순한 마음이 겹쳐져

끝없는 길을 만든다

변명애

평창 진부 출생
시와 글 사랑 시 등단
원주문협 회원
수주 주천문화사랑 회원
동인시집 『아름다운 동행』

처음 만난 그대

당신의 눈을 봤소
당신의 마음을 읽었소
당신을 이미 충분히 사랑하기 시작했소
그대의 인연
운명적 사랑의 확신을

그댄 이미 사랑하기 시작했소
두려워 마오
아무 말 하지 마오
그대의 운명적 인연과 사랑을 믿어요
확신을 가져요
내 사랑

그리움 실은 동강

동강은 세세연년 푸르른데
임 그리는 일편단심 끝은 어드멘고

해와 달과 바람으로
사랑 빚어 우주가 끝날 날까지
그대 생각에 마음이 맑아진다

투명한 하늘
어여쁜 구름 하나에
그대 얼굴 아련히 떠오른다

우리가 먼 훗날 우주로 돌아가더라도
서로를 다독이며 알콩달콩 사랑하며

진정 행복하다 외치며
영원히 그대 품에 잠들 수 있다면

어머니

아릿한 토란으로 된장국 끓이시면서
새벽이슬 맞으며 정한수 올려놓고
못난 자식 잘 되라고 빌어주던
내 어머니

어릴 적 떠난 고향 돌아와보니
유년의 강변에 잡초처럼 우거진 하얀 머리칼
바라보니 그 모습 참으로 서럽습니다

어머니
날마다 젖어드는 그리움이 가슴에 사무치는데
집 앞을 흐르는 진부강은
어제처럼 말이 없습니다

어머니
오늘도 저녁 해는
수항리 잿마루에 걸터앉아
어머니의 인생에 뒤안길을 환하게 비추고 있습니다

어머니
어머니의 진정한 사랑 못 잊어
앞산에 따스한 바람 걸리고
싸리 꽃 하얗게 피는 봄이 아니라도
종종걸음으로 다시 올까 합니다

사랑의 꽃씨 하나

당신이 주신 그리움
꽃씨 하나

아침저녁 소산한 바람과 착한 햇살에
토실토실 여물어
사랑의 국화로 필까나

하늘은 푸르고 계절은 익는데
덧없는 흰 구름은 세월만 보태나니
임 향한 붉은 마음

언제나 향기롭게 꽃 피울꼬

*갑사(甲寺)에서

미움도 사랑도
나뭇가지에 걸어놓고

기와지붕 아래
내 이름 벗어 놓았더니
보살님은 날더러 주소를 묻네

어릴 적 어깨에 올려놓은
욕심도 사랑도
천년 갑사 감나무 그루터기에
애틋하게 내려놓는다

내 이름 지어준
텅 빈 가슴 손끝에 모아
햇살 소롯한 숲으로 열어 놓았더니
스님은 날더러 절로 오라 하시네

합장한 손 부끄러워
맑은 감로수로 씻어내니
댕그랑 풍경소리
무심히 구름만 밀어낸다

* 갑사(甲寺): 충청남도 공주시 계룡면에 있는 절

가을 저녁

귀뚜라미 소리가 가을을 부르고
길가에 하늘하늘 가을꽃이 바람을 모으고

산천들은 오색으로 물들어
마음속까지 수를 놓는다

뜨겁던 여름
지나간 지 얼마나 되었다고
이렇게 서늘한 바람이 마음을 으슥하게 하는가

창가로 스며드는 가을밤
열이틀 달빛이 유난히도 밝구나

나 홀로

물싸리 하얗게 핀 언덕에
까만 머리카락 휘날리던 시절
해 저문 줄 모르고 냇가에 앉아

나물바구니 옆에 끼고
돌아가는 그 모습 아물거릴 때까지
그리워 그리워서 노래 부르다가
지는 노을 그림자 따라 걸어봤습니다

행여 나에게 눈길 줄까
못 본 체 얼굴 돌려도
풀잎에 지는 바람에 이슬 내려도
그대는 내 마음의 영혼이었네

곱게 갠 아침, 길가에 핀 민들레처럼……

가을

열은 구름 주름처럼 펼쳐진 하늘
맑은 날보다 더 아름답다

가을바람 시린 마음 스칠 땐
내 그리움의 강으로 달려
추억에 젖고

별빛 가득 그대 눈망울
망초 꽃 이슬에 촉촉이 내려앉는다

이민숙

자유문예 시 등단

충청남도 동시대회 우수상(1984)

삼성 SDI 제1회 문예대잔치 시 부문 최우수상

시집 『당신을 사랑하는 마음 천년이 흐른다 하여도』

『사랑할 때는 마음만 보세요』

그리워 눈물 날 것 같은 사람이여

너무 그리워 너무 사랑해
부르면 눈물 날 것 같은 사람아
그대 맑은 목소리로 나를 부르면
그대 부드러운 숨결로 나를 깨우면
언제 어느 곳에 있든 달려가겠습니다

그대만 생각하면
하늬바람에 꽃잎 사르르 날리듯
하늘빛 푸른 꿈을 꿉니다

가슴을 온통
그대 잔잔한 물결로 채우고 나면
별이 빛날 때마다
떠오르는 그대 모습은
커다란 행복이 됩니다

사랑합니다, 사랑합니다
되뇌듯 말해도
다시 입 안 가득 뱉어내고 싶은
사랑한다는 말

조용히 별을 헤이며
그대 이름 나지막이 부르다
나도 모르게 눈물 날 것 같은 사람아

그리움 날개를 달아
그대 잠든 사이 살며시 곁에 묻고 오고파
그대 이름 안에 내 이름
보이지 않게 작게 새겨 넣으며
마주보며 말하렵니다

부르면 눈물 날 것 같은 그대를
내 눈물만큼 사랑합니다

아프게 울어본 사람만이 알리라

아프게 울어본 사람만이 알리라
아픔은 고작 작은
상처에 우는 것이 아니라는 것을

아픈 가슴을
새까맣게 태워본 사람은 알리라
악 소리도 지르지 못하고
통증에 몸서리친다는 것을

바늘귀처럼 얇은 상처가
파편처럼 송송 커다랗게
심장에 박혀 가슴을 뚫었다

편두통처럼
찌르던 해일이 밀려온다
깊게 파인 상처의 긴 늪

몸살 나게 아파본 사람은 알리라
바람만 불어도 심하게 흔들리는 가슴을

부는 바람에 향기처럼
인주 같은 빨간 상처만
아프게 날리는 가슴을
지닌 사람만 알리라

어찌 막을 수 있으랴

지는 꽃은 고개 들 수 없어
메마른 몸을 부르르 떨며
미풍에도 서러워했다

삭풍이 할퀴고 간 자리엔
마른 꽃 하염없이 떨어져 내려
젖은 몸뚱아리로 서럽게도 운다

붉은 꽃망울 불살라
임이 밟고 간
흔적 위에 뿌려도
다시 돌아올 수 없는 것을

자연의 섭리처럼
그대 떠남을 어찌 막을 수 있으랴

진실과 거짓

진실은 하얀색
거짓은 빨간색

거짓말 속 진실이
그자에게는
무서움이었나 보다

사람들은 왜
거짓말을 하면
새빨간 거짓말이라고 했을까

그자는 새빨간 거짓말을 하고
하얀 진실의 바탕을 빨갛게 물들인다

하얀 진실과 새빨간 거짓말
그 긴 시간 동안
얼룩덜룩 덧칠한 검은 아픔만
덩그러니 남았다

사랑의 끝, 너무 가혹한 형벌

아!
신은 너무 가혹한 형벌을 내리셨습니다
인간의 사랑이 끝나는 지점에서
황홀한 느낌을 간직한 채 살아가도
못 만나 서럽고
함께 하지 못한 서글픔
목마른 눈빛으로 젖어 가는데

아!
차라리 발가벗겨진 채 채찍의 아픔
살갗 깊이 파고든다 해도
곁에 있다면
사랑하는 사람이
그 상처가 다 아물 때까지
보드라운 손길로 감싸줄 텐데

영영 못 만나는 설움을 주셨으니
어찌 행복한 연인의 가슴에
상처가 서리꽃처럼 얼어붙지 않겠습니까

그 꽃이 녹아내리면서
강물처럼 깊어지는 슬픔을
가슴에 남겼나니

서리서리 깊게 배어드는
영원 같은 사랑 하지 못하게 하시지
미리 인연이 아니었다면
비켜서서 서러운 가슴으로
살아가는 일 없게 하시지

아!
타들어 가는 가슴
바람이 스르르 불어
잿빛 먼지바람에
흘러내리는 눈물을 주체치 못해 눈을 감습니다

지는 꽃도 아름답다

초록 웃옷 걸치고
분홍치마 나풀대는 꽃잎
화려한 꽃술이 슬쩍 보인다

묵인하듯 돌아 나오는
바람 뒤켠에
꽃잎이 진다

따뜻했던 지난날
아름다움 물컹하게 저물어도
꽃은 꽃으로 피었기에
아름다웠노라고 바람을 타이른다

꽃은 피느라 힘이 들고
꽃은 지느라 아프고
꽃은 꽃일 때가 행복하다면
지는 꽃도 아름다운 것이리라

절망 혹은 희망

삐딱하게 걸린 액자를
기울어진 각도에 맞추어
삐딱하게 바라본다

조금 기울어지면 기울여서 보고
조금 낮아지면 낮은 자세로 살다 보면
깊은 주름에 세월 담기듯
절망 속 희망이 자라나지 않을까

그대 절망의 늪 속 허우적거리는가
아니면 희망이란 순탄한 배를 탔는가

절망 혹은 희망도 헤아려보면
삶의 순서에 낀 이끼 같은 것임을
쓴웃음으로 느끼며 산다

삶이 낮달처럼 떠올라도

그물 안에 걸려든 생선비늘처럼
초라한 삶을 산다 해도
새벽이 오기까지 긴 밤을 지새우고
낮달처럼 보이지 않는
희미한 삶을 산다 해도

반달이 되고 둥근 달이 되어
세상에 난파되지 않을지어다

세상 그늘에 기대어
한 해를 살고
두 해를 살아도
인생에 허점 찍을 수 없어
조용히 낮달에 매달려 울컥이며 산다

서봉교

영월 수주 출생
아호 玉峰
월간 조선문학 시 부문 등단
한국문인협회, 한국현대시인협회 회원
강원문인협회, 원주문인협회 회원
형상 21시문학회, 조선문학문인회, 수주 주천문화사랑회 회원
조선문학 문학문인회 홍보이사
현)원주문인협회 사무차장
저서 『계모같은 마누라』 외 공저 다수

*사재강에서

장마가 몸을 풀고 간
강물바닥은
됫병 소주병을
깨어서 뿌려놓은 듯
새파랗고

*보(洑) 밑에 자리 잡은
우리는
한 사람씩 튜브에
몸을 맡긴다

삼십여 년 전
내가 놀던 그 자리에서
내 아이들도 물장구를 친다

그래야지
그래야지
훗날 내가 죽고 없어도
물은 흐를 것인데

선글라스를 끼지 않고
맨눈으로 보기 미안한
파란 강물에서

장마의 몸조리와 함께
그렇게
내 휴가도 저물어 간다

* 사재강 : 강원도 영월군 수주면 법흥천의 옛 이름
* 보(洑) : 논에 물을 대기 위한 수리 시설의 하나.
둑을 쌓아 흐르는 냇물을 막고 그 물을 담아두는 곳이다.

*홍로 사과밭에서

음력 팔월보름 전
*공순원
*산골사과 과수원에 가면

아직
고삐를 뚫지 않은
야생 누드모델들이
벌겋게
치뛰고 내리뛰고

봄부터 여름 내내
피땀으로 가꾼
주인의 마음은 하나

일단
하나 따서 먹어봐
*히딱 갈 거야

그 맛에

* 홍로 : 사과 품종 중의 하나
* 공순원 : 영월군 주천면 신일3리의 옛 지명
* 산골사과 : 영월 주천농협에 근무하는 이형근 씨 과수원 이름
* 히딱 : '휘딱' 의 사투리

택배

오늘도
너에게로 부치는
사과박스 속에

나도 화물이 되어
너에게 도착해서
사과 살과 함께
너의 일부가 되고 싶다

진작
진작 함께 살았더라면

이렇게
수취인 없는 택배를
가을마다 보내는 품도
덜었을 것을

새벽 해장국집에서

방금
누가 급하게 조반(朝飯)을
들고 간 자리
나도 앉아서
해장국을 청한다

물은 셀프니
가져와야 할 것이고
식당 가득 찬
손님들도 가지가지

추리닝에 슬리퍼 신은 놈부터
갓 결혼한 젊은 부부들
어젯밤 변칙으로 첫날밤을
치른 듯한 녀석들
쉰은 넘어 보이는데
외박한 것 같은 그들
머리엔 집을 짓고
공사판에 나가야 하는 인부들까지

모두들
끓는 해장국보다
더 뜨거운 가슴에
연료를 쏟아 붓고는
영하의 아침
칼바람 부는 식당 문을 나서면

어느새
일상으로 돌아가야지
어젯밤 주말 일들은
뒤로하고 그렇게 가는 거야

만나고 떠나는 게
기약이야 있을까마는
그래도
미련이 500원만큼이라도 있다면

나 말고
또 다른 내가

다음 주말 아침에
내가 앉았던 그 자리에 앉아서
해장국을 청하리라

아줌마!
여기 콩나물 해장국 하나요

詩人

말을 배우고 살다가
불혹이 지났을 때

우연히
내가 뱉었던 말들이

한겨울
빙어 뱃속처럼 맑은 얼음 위에
바람이 쓰고 간
모래 편지로
돌아왔을 때

이젠 알았네

내가
고개를 숙여야
한다는 것을

酒泉의 蓮

*주천(酒泉)

그곳에 가면
샘[泉]에는 술[酒]이 솟고
논에서는 연꽃이 핀다는데

아주 오래 전
심청이가
용궁(龍宮)에서 타고 왔다는
꽃봉오리

하늘의 仙女들은
모두
어디로 숨었을까

이렇게
고운 색 비단들을
형형색색(形形色色) 펼쳐놓고

사슴들의 눈이 무서워
차마
날개옷[天衣]을 짓지 못하니

그냥

두고두고
볼 수밖에

* 주천(酒泉) : 강원도 영월군 주천면 주천리 지명.
  샘에서 청주가 나왔다는 전설이 있음

飮酒

술을 먹는다는 것은
그 시간만큼
잠시
자신을 죽이는 일이다

이유가 어찌 되었든
기억나지 않을 만큼
먹고
정신을 잃으면

푸줏간 주인이
식칼로 고기를 바르듯

내
영혼과 육체를
잠시
분리시키는 일이다

그런데도 사람들은
왜
또 마시는 걸까?

몽돌해수욕장에서

그곳에
머물지 않은 사람은
모르지
밤사이 파도의 정사(情事)에
세월이 깎이는 소리를

아주 오랜 시간
맷돌에 갈아 빚어낸 듯한
진주 같은 조약돌

매주 오는 관광객보다
더 짓궂은
파도의 작업에
거절은 못하고

바다 쪽으로 구르며
한마디 한다

차르르
차르르……

나의 고향은 어디에 있을까요?
나의 고향은 작습니다
이곳에 있다가는 저곳으로 옮겨갑니다
나의 마음을 안고 갑니다
기쁨과 슬픔을 함께 줍니다
나의 고향은 바로 그대입니다

– 쉴러